1894

987

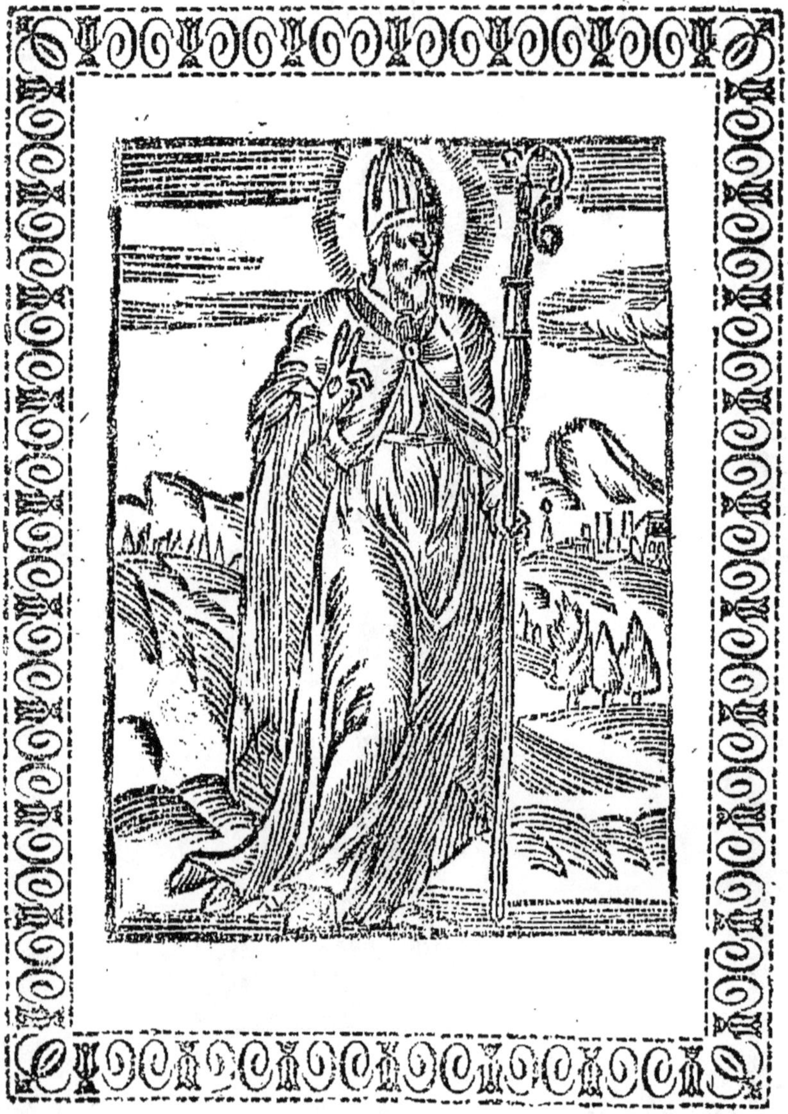

HEURES

OU

INSTRUCTION

CHRÉTIENNE,

EN FRANÇAIS,

POUR LES PETITS ENFANS.

A CLERMONT,

Chez Thibaud-Landriot frères, Imprim.-Libr.
rue St. Genès, n° 10.

A a b c d e f g h i j
k l m n o p q r s t
u v x y z.

Lettres doubles.

ff fi ffi fl ffl.

Voyelles.

a, e, i, o, u.

Consonnes.

b c d f g h k l m n p q
r s t v x y z.

Lettres Capitales.

ABCDEFGHIJ
KLMNOPQRS
TUVXYZÆOE.

Lettres Italiques.

*abcdefghijklm
nopqrstuvxyz.
ABCDEFGHI
JKLMNOPQ*

R S T U V X Y Z
Æ OE.

Abréviations.

am *ou* an | om *ou* on
em *ou* en | um *ou* un
im *ou* in

Syllabes.

Ba be bi bo bu
Ca ce ci co cu
Da de di do du
Fa fe fi fo fu

Ga ge gi go gu
Ha he hi ho hu
Ja je ji jo ju
La le li lo lu
Ma me mi mo mu
Na ne ni no nu
Pa pe pi po pu
Qua que qui quo quu
Ra re ri ro ru
Sa se si so su
Ta te ti to tu
Va ve vi vo vu
Xa xe xi xo xu
Za ze zi zo zu.

L'Oraison Dominicale.

NOtre Père, qui êtes aux Cieux, que votre Nom soit sanctifié. Votre Royaume nous avienne. Votre volonté soit faite, en la terre comme au Ciel. Donnez-nous aujourd'hui notre pain quotidien. Et nous pardonnez nos offenses, comme nous pardonnons à ceux qui nous ont offensés. Et ne nous abandonnez point à la tentation.

Mais délivrez-nous du mal. Ainsi soit-il.

Salutation Angélique.

JE vous salue, Marie, pleine de grâce, le Seigneur est avec vous, Vous êtes bénie entre toutes les femmes : et béni est le fruit de votre ventre, Jésus. Sainte Marie, Mère de Dieu, priez pour nous, pauvres pécheurs, maintenant et à l'heure de notre mort.

Ainsi soit-il.

Notre Croyance.

JE crois en Dieu, le père tout-puissant, Créateur du Ciel et de la terre, et en Jésus-Christ son fils unique, notre Seigneur, qui a été conçu du Saint-Esprit, est né de la Vierge Marie, a souffert sous Ponce Pilate, a été crucifié, est mort et a été mis dans le tombeau; est descendu aux enfers, et le troisième jour est ressuscité des morts; est monté aux Cieux, et est assis à la droite de Dieu le Père tout-puissant, d'où il viendra juger les vivans et les morts.

Je crois au Saint-Esprit, la sainte Eglise Catholique, la communion des SS, la rémission des péchés, la résurrection de la chair, la vie éternelle. Ainsi soit-il.

Confession des péchés.

JE me confesse à Dieu tout-puissant, à la bienheureuse Marie toujours

Vierge, à saint Michel Archange, à saint Jean-Baptiste, aux Apôtres saint Pierre et saint Paul, à tous les Saints, que j'ai beaucoup péché par pensées, par paroles et actions : c'est ma faute, c'est ma faute, et ma très-grande faute; c'est pourquoi je prie la bienheureuse Marie, toujours Vierge, S. Michel Archange, saint Jean-Baptiste, les Apôtres S. Pierre et S. Paul, et tous les Saints, de prier pour moi le Seigneur notre Dieu.

Que Dieu tout-puissant nous fasse miséricorde, et que nous ayant pardonné nos péchés, il nous conduise à la vie éternelle. Ainsi soit-il.

Bénédiction de la Table.

℣. Bénissez. ℟. Que ce soit le Seigneur. Que la main de Jésus-Christ nous bénisse, et la nourriture que nous allons prendre.

Prière après le repas.

Nous vous rendons grâces de tous vos bienfaits, ô Dieu tout-puissant, qui vivez et régnez dans les siècles des siècles ! Ainsi soit-il.

Heureuses les entrailles de la Vierge Marie, qui ont porté le fils du Père éternel !

Heureuses les mamelles qui ont allaité Jésus-Christ notre Seigneur !

Que les âmes des fidèles reposent en

paix par la miséricorde de Dieu! Ainsi soit-il.

Les Commandemens de Dieu.

1. Un seul Dieu tu adoreras, et aimeras parfaitement.

2. Dieu en vain tu ne jureras, ni autre

chose pareillement.

3. Les Dimanches tu garderas, en servant Dieu dévotement.

4. Père et Mère honoreras, afin de vivre longuement.

5. Homicide point ne seras, de fait

ni volontairement.

6. Luxurieux point ne seras, de corps ni de consentement.

7. Les biens d'autrui tu ne prendras, ni retiendras injustement.

8. Faux témoignage ne diras, ni ne men-

tiras aucunement.

9. L'œuvre de chair ne désireras, qu'en mariage seulement.

10. Les biens d'autrui ne convoiteras, pour les avoir injustement.

Les Commandemens de l'Église.

1. Les Dimanches la Messe ouïras, et les Fêtes pareillement.

2. Les Fêtes tu sanctifieras, qui te sont de commandement.

3. Tous tes péchés confesseras, à tout le moins une fois l'an.

4. Ton Créateur tu recevras, au moins à Pâques humblement.

5. Quatre-temps, Vigiles jeûneras, et

le Carême entièrement.

6. Vendredi chair ne mangeras, ni le Samedi mêmement.

SOUVIENS-TOI,
CHRÉTIEN,
QUE TU AS AUJOURD'HUI

Un Dieu à glorifier,
Un Jésus-Christ à imiter,
Tous les Anges à honorer,
La Vierge et les Saints à prier,
Une âme à sauver,
Un corps à mortifier,
Des Vertus à demander,
Des péchés à expier,

Un Paradis à gagner,
Un enfer à éviter,
Une éternité à méditer,
Un temps à ménager,
Un prochain à édifier,
Un monde à appréhender,
Des démons à combattre,
Des passions à abattre,
Et peut-être la mort à souffrir,
Et le jugement à subir.

FIN.

www.ingramcontent.com/pod-product-compliance
Lightning Source LLC
Chambersburg PA
CBHW060912050426
42453CB00010B/1680